U0622729

诗心沉潜
诗语明鲜

题宋睿《云后的世界》

王蒙

# 云后的世界

宋客 著

作家出版社

谨以此书献给每一个真诚的人

# 目录

云
后
的
世
界

云后的世界

# 『做大海里第一个醒来的人』
## ——有感于宋客的诗集

霍俊明

　　2021年，正在读高二的宋客16岁，已有"诗龄"三年，且得笔名"帷鉴"。朝飞暮卷，云霞翠轩，花季年龄，诗意青春，便有了宋客对大自然、对青春和理想以及对少年芳华的喷薄抒发和由衷慨叹。

　　中学生写诗的不少，但出诗集者不多。于是，我把宋客的诗集认真读了一遍。

　　我所了解的宋客聪慧而勤奋，学习成绩总是名列前茅。文理兼优是他的青春底色。他让语文、英语等人文学科所表现出来的形象思维能力与其数学等学科的逻辑思维能力甄于完美统一，进而使他的诗歌创作与繁重的高中学习生活相得益彰交相辉映。

这对当代中学生而言，难能可贵。扎实的文理科能力的融通与共进，正是今日中学生成长成才所迫切需要的。

平日里，高中各学科学习远不能满足他的求知欲。他酷爱读书——长期坚持阅读大量古今中外名著；热衷创作——这本诗集就是他灵感智慧的结晶。并且，在某些专业领域，也充分体现出他独到而理性的理解力和深刻的思辨力。少年宋客周身洋溢着当代中国中学生的生命气象和卓越才情。

古先贤孔子云："不学诗，无以言。"在孔子看来，不学诗，一个人就不会很好地说话，或没有说话的资格。这是中国传统文化的观点，今天看来，或有失偏颇；但对当代中学生而言，仍不失其借鉴价值。

读书读诗，写诗赏诗，使得宋客的精神家园多了一片生机盎然的芳草地，让他的年轻生命平添一份新绿与蓬勃朝气，平添一份诗意化栖居的生命气场的芬芳四溢。可以预料的是，随着诗集的出版发行，这种蓬勃朝气和四溢芬芳，或将会影响他的很多同龄人——这是诗集可贵的社会价值所在。

在宋客看来，读诗写诗，还可以使一个人的精神生活发生很大变化。诚如宋客所言，诗歌可以"帮助我们生活"，从"诗意的角度认识生活"，从而"更好地生活"。

青春常伴诗歌行。我们希望，有更多的青少年同学和宋客一样，在注重全面发展自己、锤炼自己的同时，走进热爱生活、读诗写诗的行列，走进陶冶情操、爱美审美的天地，让青春岁月贮满诗意，蓄满精气神，进而让自己的一生尽写生命华章，尽绘事业宏图——这是多么令人神往、益己益他、利家利国的人生境界！

这是我们的希望，更是社会的期盼。

我曾经在一个小镇做过高中语文教师，后来又在北京教育学院有着近七年时间与中学语文教师、教研员以及文学课堂打交道的经历，对中学语文课堂和诗歌教育现状体会颇深，深切感受到诗育与诗心、诗情与诗意对今日中学生精神发育与性格成长的重要性。因此，特别欣赏宋客能在繁重的学习生活中抬起头来，关注"天空"和"脚下"、"目前"和"远方"，关注生命和青春、爱情与人生、社会与自然等等，然后以心悟之，以诗言之，以文述之。并且，他还能够不断打开自我的精神空间进行独白或对话、沉思或追问，这是非常值得赞赏和尊重的。也许，他因此承担了比同龄人更多的压力，但也孕育了更持久的内驱力——"夏日　使我逐渐想起／漫步时头顶的每片瓦砾"（《夏日回首》）。宋客的这本诗集生动展现了一位文学爱好者之所思与所观、所爱与所赞，洋溢着当代中学生应有的温情与豪气、才情与学识。我们亦可从中窥见其宽广而高质量的阅读范围，比如席慕蓉、戴望舒、海子、纪伯伦、济慈、拜伦、威廉·华兹华斯、山村暮鸟、艾米丽·狄金森等中外经典，尽收其眼底。"诗有别材"，写诗的人，总是需要一些特殊才能，甚至带有一点"怪癖"的。宋客恰如斯。

"传说太阳的炽热／能灼伤灵魂／可你又何惧／你的灵魂　有着胜过它的／赤诚的高温"（《开

向太阳的花》)。这或许是上苍赋予宋客对生命和生活特别的敏感和感知，进而让他在写诗与生活的少年岁月里如鱼得水，酣畅漫游，乐此不疲。

结合宋客的诗，约略提一点建议。

对于宋客这个年纪的写作者而言，通常存在着"急于表达"的心态。但诗歌最忌"直接"和"外在"，倾向"婉曲"和"内在"。基于此，我希望，宋客的诗要尽量避免直接抒情，抒情方式要进一步放开和拓展，尽可能地学会找到诗歌的"意象"和"对应物"。

宋客的诗基本以短章为主——最短的只有四行。而十行左右的短诗对诗人的能力以及整体"完成度"来说要求更高。这就好像110米跨栏，从起跑、跨栏、节奏、步幅到最后冲刺都不允许出现任何闪失。如："我把时间打磨成水滴 / 飘落在 如幕的夜空里 / 于是月光开始闪烁 / 星星 诞生了 // 它像泪水打转 / 在盛夏的记忆 / 星星熄灭了 / 化落成灰烬 // 我用双手将它捧起 / 送给往昔"(《捧起》)。

对于写诗的青少年朋友而言，我对宋客还有

另一期待，即让人格和诗格的双重魅力得以进一步彰显。真正的诗人总是在文本格调和人格品质上带有双重闪耀的特征，比如伟大诗人杜甫。诗人的襟怀和眼界要超于一般人，甚至要超越一般意义上的"作家"。因为他们的精敏、发现能力总是充任了时代性先锋、先知的角色。

令人欣慰的是，宋客的诗已经让我看到了他作为一个写作者的能力和少年魅力。比如词汇运用的广度已经超过同龄人，他的感受力和发现力已经在诗中得到了不同程度的揭示。

文学少年刚起步，未来可期。宋客，无疑是同时代人中的幸运儿、佼佼者。他比他的同龄人多了一双翅膀，所以他不但自己凌空翱翔，而且能让他人欣赏另一个异彩纷呈的世界，打开另一个精神家园的幽深景观。

宋客或许不会成长为专业诗人。他有他的个人理想，他有他的人生定位，他有他的研究方向。或许正因为如此，我期待宋客漫长而丰富多彩的人生一直被诗神所眷顾。正如大海中航行的人一直能够被远处的灯塔所照耀和指引，正如茫

茫大海上第一个醒来的人向世界抛出了手中的漂

流瓶……

2022 年 1 月 20 日

开向太阳的花啊
风和雨都在为你滋润
你最净美的灵魂
去了太阳的主宰

任凭太阳的炽热
灼烤你灵魂
可你又何惧
你的灵魂有着胜过它的
赤诚的高温

3/2020

那时的酷暑熔化了天空

记忆去慢慢流淌

# 远方的低唱

在那远方
太阳额角的白晕微微亮
吐泻着鹅黄

我在彷徨
看晨曦之花自云脚绽放
将云影徘徊映在天上
隐约间，我听见远方的低唱

在那远方
风车褚色的双臂轻轻荡
卷起麦香

我在流浪
水泥筑起层层高墙
远方的麦浪泛着金光

我要飞翔

要清风吹动门前古铜色的铃铛

伴着我

去聆听远方的低唱


2019 年 9 月 24 日，辟才胡同

# 当细雨来临的时候

当细雨来临的时候
我看那细雨慢慢地来
走在青灰瓦砾的屋檐下
朱花在碧草中静静地开
脚踏过
碎下簇簇琉璃白

闪烁着那夜
月光的宁静
寄给林荫道旁的广玉兰
当星火点燃整片夜空
我要晚风遮住你梦的朦胧

请静静地眠
醉下去
醉下去
醉出串串白莲

我看那簇簇的琉璃

朱花碧草竟被洗得那般地白

青灰瓦砾间残着丝丝的氤氲

雾霭在风中漾起悄悄的涟漪


当细雨离开的时候

我看那细雨慢慢地走

广玉兰静静的

我陪你一起等待

等那云梢头

霓虹花开


2019 年 9 月 24 日，辟才胡同

# 清风序

柳枝翩翩起舞

雨水屏住呼吸

等着你


我　与你邂逅

踏着涟漪　无息地

被你拥抱着

渐变的云彩　我一样满足


把叶片托起　你想再看看

没了街巷　漫过了窗沿

敲动着薰衣草的花瓣

叶片缓缓落下　沉静了时间


再见了

你说着

轻撩我的衣角
我微微笑

等着你
我悄悄沉溺


2020 年 2 月，清风轩

# 追想

那时的酷暑熔化了天空

记忆去慢慢流淌

滴下一潭金色的虹

一帘帘紫藤掩藏我盛夏的梦

你告诉我

炎热的时候

让月光注满河塘

2019 年 10 月，云梯胡同

## 是春天的女儿捏造着梦境

想要不遗痕迹地走过

雾霭悄然破碎

拥柔着路路的星

是春天的女儿捏造着梦境

她把清涟缓缓拨动

缀上缤落繁樱

凝固下夜的空灵

2019 年 10 月，云梯胡同

# 捧起

我把时间打磨成水滴

飘落在　如幕的夜空里

于是月光开始闪烁

星星　诞生了


它像泪水打转

在盛夏的记忆

星星熄灭了

化落成灰烬


我用双手将它捧起

送给往昔


2020 年 2 月，清风轩

云后的世界

．．．．

II

## 随性

别躲开北风
那是寒冬的歌声


别躲开月光
那是夜晚的惆怅


奏起孤独的笛声
但　请别走


别留下回忆
将生命随意泼洒于上


2020 年 2 月，清风轩

# 开向太阳的花

开向太阳的花啊

风和雨都在为你滋润

你最净美的灵魂

去了太阳的至深


传说太阳的炽热

能灼伤灵魂

可你又何惧

你的灵魂　有着胜过它的

赤诚的高温


2020 年 3 月，清风轩，

《青年文学》2021 年第 9 期

寂

我的心

于琴声的破碎

散落成

如雪般

冰冷的死灰


时光不曾路过

尘土间

已然绽放出雪白的玫瑰


2020 年 2 月，清风轩

# 雾城

## 1

蕉黄色的雨
织起浓浓的雾城
莹色的广告牌
像黑夜里的明星
道路两侧的路灯
守候着路上的匆匆

虔诚地低垂下光火
等待雨过天晴
到最后了　什么也看不清
只看见楼对岸　红色的屋顶

## 2

雨水忽然就消失了
一起的　还有漫街的行人
路灯熄灭了
没有去等待天晴
雾气仍弥漫着
雨水曾经来过

向潮落中问去
雨中垂钓者
是雨水染湿了灯火
还是灯火映衬了彩虹

**3**

街树的绿荫透过了楼宇

白云渐渐映在蓝天

我悄悄地望向窗外

雾里的阳光更加耀眼


2020 年 5 月 21 日下午，辟才胡同

云后的世界
……

岁月温暖

情到把信纸写满
别把记号向远方

做大海里第一个醒来的人
唯心细重向强大

我走在朱毗的山巅
叫唤的门子先与我作伴

让我如一叶扁舟
蔗从那最美的水波

这次欲居于你与时间,
岁月依旧温暖。

刘 小川

做大海里第一个醒来的人

悄悄地望向蓝天

# 岁月温暖

请别把信纸写满
别把它寄向远方

做大海里第一个醒来的人
悄悄地望向蓝天

我立在永恒的山巅
明暖的竹子花与我作伴

让我好好欣赏你
落日前最美的容颜

这里只属于你与时间
岁月依旧温暖

2020 年 3 月，清风轩，

《中国校园文学》2022 年 2 月青春号

云后的世界

## 笑的时候

一触明泉的清冽
纵饮骄阳的火热
问我何处的轻松
我的世界只有欢乐

去听漫山白花的颂歌
如是悄悄地寻觅
问我何处的从容
我的世界只有欢乐

2020 年 3 月，清风轩

## 请叫我 真好

风在竹椅旁翩翩

吹散芍药的妩媚

留下月季的祥和

让叶拨动心弦


摇坠在梦里

闪烁在记忆


年华的温柔

将青丝染成了栀子

飘起轻香

散作琉璃一串


2020年3月，清风轩

云后的世界
· · ·

# 大地

大地再次被雾笼罩

无论是雨　是雪　是冰雹


冬天已经在路上了

秋天也才刚刚到


上次驻足了那么久

这次又何必出发得那么早


一剪春风

一抹骄阳

几霎光阴

撩过枝梢


2020 年 10 月，信毅楼

# 秋

西边的吐息吹动云裳
把岁月的宁静嵌进河塘
在时间的公寓开一扇扇窗
一半骄阳　一半月光

斑斓跃动在熟迈的红墙
簇拥着银杏叶
洒满操场
一珠寒露　一地金黄

2020 年 9 月 24 日，信毅楼

云后的世界
：：

## 半里桃

蒙天的雾下

落满殷殷的一霎

初开的天绮

漫缀醇的繁华


无垠的月涯

屏飞夜雨的泠哗

捺去青烛的曳

青石巷凭凭烟霞


杨柳回畔

饮觞暮钟的沙哑

窗　一点薄凉

夕间影悄然入诗画


2020 年 10 月，信毅楼

# 追着晚霞

橘晕勾勒上栋栋林厦
我是朵云
在追着晚霞

云群里　我冲在前头
跟着的　是一片夜的守候

城市睡了过去
我看着前方　习惯了别离

泪水翻覆在胸口
我不曾停留
想要在诗人不注意的时刻
不去回首　悄悄溜走

那样执着似的　追着晚霞

2020 年 5 月 19 日，辟才胡同

## 晚风中的蒲公英

小小的蒲公英哟

你在晚风中

微微地弓着背

好像风一大

你的所有的白色的美好

都将散落

到那时

终于舒展开身

你还拥有你的沁香

可还算是在绽放

静止了时光

2020 年 9 月 29 日，辟才胡同

# 六月低语

飘忽的雾淙走去了百年树洞

浅浅的韵脚拗尽了六月的春风

悠转的云柔吹散了雨露的执着

我于山谷里来过　听森林的琴声


采一幅古城的月光

为岁月浇灌

波心的闪

荡过了六月的长眠


在花开的年纪　你不曾拥有

当世界沉静　你容颜依旧

2020 年 3 月 6 日，云梯胡同

## 致一片冬的心意

遇见你

需要怎样的勇气

我以纯白的翎

写一封信

致一片冬的心意


夙夙寒语

我无处应答

纯白的世界之下

我在温暖处竭力挣扎

做一朵向寒的花


2020 年冬，辟才胡同

炊烟　◎怡岚

暮色润湿了墨染的窗页
晚星吹落了满天的霞
青丝句去了北朝的风
黄叶点缀了谁的身影

炊烟袅袅升，瓦砾层层叠
曲折细觅　一盏盏满灯
斜阳暖照　影映远地窗

一个夏末刺眼的花
一个炎天炽热流淌的光
生命的大工大河里
我们尽情流淌

残留温暖，华落遗在激魂的梦
斑斓的朝阳花生
破碎了那根的风扇

生命的大江大河里

我们尽情流淌

## 她是

她是湖心的波

在宁静中高歌

月光透过

涟漪绕星河


她的名字叫作清澈

向黑夜倾诉寂寞


2020 年冬，信毅楼

云后的世界

33

## 光耀的永恒

萤火熄寂于天空的落寞

人性的火湮灭整片星河

心中的妒嫉颤抖

飘下灵魂的焦烬

忧戚之心高唱

赞美欢乐


收起不屑的缄默

强敛赧赧面色

待砒霜擦去傲慢的污浊

为珍珠与璀钻打磨

四下飘飞的尘碎

弥漫开人性的星河


2020 年 3 月，清风轩

# 不再

我取来一捧雪

将其点燃

漆黑的墨迹

是雪花的一生


我掬下一朵海棠

为之下葬

萦绕的余香

是世间的念想


种种的叹息

不再永远逝去

扇扇清梦

冥冥似钟


2020 年 4 月，辟才胡同

云后的世界

## 娓娓

缟纱润湿了墨般的穹顶

晚笙吹落了满天的星

青丝勾去了北朝的风

黄叶缀饰了谁的身影


炊烟眇然

瓦砾朦胧

两捧细瓷

一盏琉璃灯

斜阳暖熙

映了满地霜


一个夏天只剩酷热

一个夏天洒满极光

生命的大江大河里

我们尽情流淌

残荷正温婉

销然盛开在燃烧的梦

斑斓的湖水月轮生

破碎了哪城的风景


2020 年 8 月 16 日，乌镇


云后的世界

## 天鹅

你是冬日里孤独的舞者
翩跹在每个人的落寞
飘雪是轻鼓点
重鼓点在冰棱的断落

你是冬日里孤独的舞者
用尽每寸肌肤来感受寒冷
着迷于那雕花一般的美感
任由它在自己心中绽放

你是冬日里孤独的舞者
每一步迈进孤独者的心波

你是冬日里孤独的舞者
你不会为谁高歌

你是冬日里孤独的舞者

月光把你映得高傲

湖水把你扯得扭曲

寒冬的寒冬

都如雪一般


你是冬日里孤独的舞者

你与其他人一起舞蹈


2020 年 11 月 6 日，信毅楼

云后的世界

# 水仙

亭亭盛开在波间

一枝一枝地连

浮月在光影中轻颤

翠色斟满


宁静

掠去你汹汹的背影


她是春冬时最清

最幽涩的女伶

她也被寄予厚望

每每初绽于我的梦乡


2020 年冬，信毅楼

# 雪

我曾经踏过

那瀑葬下的黑夜

杏下的重拾旁

我托起韶华如月

皑皑的承诺里

蔷薇缠绕着谜底

一朵朵飘下的时光

织成了大地


云封住的一座小城

半步沉沉的太息

你是寒风走遍了天地

我把信纸留藏在回忆

脉脉是未到来的春雨

你说你是雪流淌过四季

在冬日的阳光里

奔去一世界的茫茫

回首间杏花从未散去


在遥远的远方里

一切会停止消融

眺望山头回响之中

我们慢慢动容


2021 年 2 月 1 日，辟才胡同

# 又听见了春雨声

大鸟为一只只幼雏梳理过羽毛

一只只小鸟飞过一棵棵梧桐树梢

春雨的叮咚　是婉和的叮咛

初阳的惺忪照进一洞洞浅井

这里的浅苔　像花儿一般开


晨雾里的古钟　未曾停摆

抖落的白羽

从湛蓝的天空中飘了下来

翅膀扑得轻轻

心

却跳得怦怦

飞东　飞西

飞回那棵梧桐

云后的世界
····

43

如一日的早霞

像韶华的剪影

不止息的清风

是岁月的印证


湖心里的那片澄明

湖面荡起的是钟声

湖光里是最初的那份晶莹


叮咚　叮咚

又听见了春雨声


2020 年教师节，信毅楼

## 致青春的抒情诗

我将要写信寄给远方

将要远走他乡

我的心始终在故里

从地上拾起一捧土


生命的能量于此偾张

优美的弧线似海鸟与远山

盛夏和严冬交织在天边的眷恋

神祇静默无言

天地间浪漫无尽

天地外万物明亮


我不能在一个季节

走遍整个世界

从龙爪槐出发

到紫叶李的荫蔽下

待到白云盈空的时候

我抬起头来

时间又浸泡在阳光里

毛白杨向上生长


2021 年 10 月 15 日下午，勤学楼

# 月光的执念

或许无法挽住时间的流淌

但却能随时间一同飘向远方

毕业时每个顿首时的钟声

在回首时于心中奏响


像四道晚霞映在天边

交辉中　是青春的翩翩

像四颗星子散落在每一个夜晚

守护着　花火染成的人间


拼图的碎片　遗落在渐行渐远

一块是潇洒的画卷

一块有时间的优雅

一块写满谦逊的斐然

还有一块被人拾起

随手丢进人生的车站

列车踏上懵懂的旅程


每双翅膀属于一个故事

翱翔在红砖旁的日子

时光雕刻出八翼的天使

眼眸虔诚　双手合十


车到站了

没来得及看上车的脚步

还在望着去换乘的行人

无声喘息　垂头读着离别的书

原来从没有一整幅拼图

是回忆里的温暖

将缝隙填补


月光的执念　为岁月披上冰雪似的袍

杯中的水　涌起思愁如潮

白色的光辉下　我们轻轻祷告

天上的月亮这么圆

三年前　月亮这样圆

三年后　月亮这样圆


2020 年 8 月 4 日晚，辟才胡同

倾诉

像在小镇的秋千凳
我种下蔷薇苹种树

真鹊扇动着翅膀
时间闪过
时可绽放入我岁月

你一份稠州袖
铺展 找你幸运

找假借风
天梅·

最夜即夏风闷
月光是吹灭

我写下回忆
也会有眉月
想而将这一切
刻在我忆忆中

我以没有等过花可
绝不是因为 没及过期待

05/07/山

我从没有等过花开

绝不是因为没有过期待

# 那是青春之歌

月光擦拭着凹陷的台阶

把纹路记在女孩的轻蹑

今晚又是无眠的夜

风吹过　仍然是皎洁


女孩的流苏　是秋天的过处

女孩的裙摆　是冬天的徘徊

她翩翩的舞　舀乱天空的云彩

那是青春之歌　是神性的流白


芳菲悄然散尽　温柔还未到来

诗对时间倾诉　花在严冬吐露

晨昏比大海更静　冰雪自然盛开

无论人生走去哪里　倒是白雪秋麦

不曾停步么

按抑不下地

在山头走着

山花也是过客


2020 年 5 月 24 日夜，清风轩

# 徜徉

像无形的　能撑破天地间的巨石

无月也无星　那笼罩住一切气息的天幕

怎是缘分可言

自我心土生长

为你捏一双翅膀

你便能自己飞翔

云从不是天空的尽头

那是无垠蔚蓝的门掩

云端之上更有山巅


我让思绪撕裂阳光

在宇宙间流淌

路过了天堂

也看见了天蓝的霓裳

将云雾抚绑

聚成一朵朵念想

仿佛一个拥抱

便可含住整颗地球

肆意吐出我肌肤的余温

而后用双眼发光

我的心火　飘散成每个人心中太阳

一点点燃尽我的能量

这里不是这里

远方仍是远方

2020 年 9 月 16 日，信毅楼

## 纸船

我用窗台接住月光

叠成一只只纸船

沿着星河

送向时间的那一端


我奔上卓木拉日雪山

坚定地向远方挥手

尽管我不需要回复

在一片茫茫中等候


双手抚着脸颊

悄悄侧着头

没事　请让我再独自看会星星

等风吹干眼底的温柔


2020 年 9 月 16 日，信毅楼

云后的世界

## 童话

有一段童话

就住在粉墙黛瓦

银辉之下

如瀑般长发


桥头的微风月里凉

纸伞青纱上

前后烛光


阁楼里

无雨无云眸自凉

轻敲老叶韶华落

今宵灯火起白霜


荷塘边　泡桐下

长发浮上旁人肩

挽袖撩开久闭的绯红

清梦荡入悠悠枝帘


若回忆是座染坊

幸福已挂满晒场

蒲扇轻曳

漾得两泛波光


琉璃又转　星辰引路

哪怕早已忘记童话怎样结束


2020 年 8 月 16 日，乌镇

## 海棠追想

海棠花瓣随风飘落

你幽幽徘徊在我心中的落寞

我拾起你的芳华

却不曾一触你的魂魄


我只是一位旅客

无息地穿着

一袭时光的交错

你从不属于我

你属于一世界的辽阔


每每一顾回忆径上的

彷徨

晚风呼啸而过

吹尽我心底的守望


2021 年 5 月，信毅楼

# 少年

山茶花的旁边

埋下一窖期愿

酿成少年

无风无月的傍晚

晚笛吹动韶边

白衣飘然

一窗灯火的嘱盼


在蒲公英纷飞的季节

云也一同飘去

雨水淌进天井

声音里　有儿时的叮咛


当春天不再眷恋每一朵花

就请蜜蜂住下

在绽放的季节里

愿芳馨涌满整个世界

2020 年 5 月 29 日下午，未名湖畔，

《中国校园文学》2021 年 10 月青春号

# 倾诉

像在小镇的秋千旁
我种下薰衣草那样

喜鹊扇动着翅膀
时而闪过
时而悠转入我的岁月
低低的榆叶梅
铺满我的幸运

我倾诉风
我倾诉大海
黑夜的空洞
用星光掩盖

我写下日记
也会有留白

转而将这一切
封存在记忆中

我从没有等过花开
绝不是因为没有过期待


2021 年 5 月 29 日下午，未名湖畔

# 六月

阴雨过后

整条胡同发了霉

人在其中行走

无处可避

这是云的尸体


我在六月里睡去又醒来

大雨在梦里下了一场又一场


无力是最真实的沉默

炎热在人心流淌

不论是否睁着眼

都能看得见阳光


2021 年 6 月 13 日晚，辟才胡同

# 夏日回首

星尘打散在墨般的穹顶

画布因云朵而变得朦胧

我在夏日里漫步

像是从不惧怕黑夜


在夏日里

这座城市属于青春

这座城市属于奔跑

这座城市拥抱每一个人


每一寸阳光抚过的地方

都去用每一寸肌肤感受

从未如此

想在整个城市的每处停留

我把夏日收藏进日记

在每一个晴空里

夏日　使我逐渐想起

漫步时头顶的每片瓦砾

2021 年 5 月 29 日傍晚，未名湖畔

云后的世界
....

## 向秋

一阵南风刮过

吹动北方的生活

我向你敞开怀抱啊

秋的浪潮!

我哪管路灯抑或骄阳

秋天　你本就金黄


一阵南风吹过

银杏叶簌簌地落

我也留下过

那纯棉的独白


2020 年 9 月，路灯下

我站在雨里，心里总有着远方

露水落下的斑斑
雨水叮咛
在潮湿的天气里.
我仍有对远方的思念.

我仍有对远方的思念！
又听雨水的屏障
原上的雨水洗刷
原上的云影斑驳

原上的声音凉爽
敲讥散后一瓣莲花。

我愿邀请每个人至我的小屋

都做一个温暖的旅人

# 麦子

我是一个麦子的狂热者

但不急着奔去田里收割

享受有麦子的每一餐

幸福得

像每一个清晨

到每一个黄昏


等月亮重新升起

烟囱和道路都变得拥挤

我愿邀请每个人至我的小屋

都做一个温暖的旅人

2021 年 9 月，勤学楼

## 大山深处

他的心来自大山深处

一路骑行

一路颠簸


他深爱人们

就像深爱那座大山


他遇到过数不清的树

数不清的路灯

直到他在一座寺庙前停下


他焚上三炷香

他住在了这里

像是从未离开过

佛珠缠绕

他轻轻地

双手合十


他爱这座寺庙

就像爱他的故乡


他在菩提下虔诚

在佛像前祷告

困囿

如一萍蓬莲

在湖心仰望时间


他站在一方黄叶里

等寺庙的那只麻雀

一日一碗斋饭


到后来

香火旺盛了

他无法透过香火

再望到那只麻雀

黄叶遮住了湖水

他一次次顿足而顾


他双手合十

佛珠泛冷

他盘坐在寺庙深处

那年　他焚上了三炷香


香灰倾满一地

又飘向菩提


待到莲花凋落的时候

他便化作一阵香去

大山深处

像是人们从未问起


2021 年 6 月 17 日深夜，辟才胡同

# 我站在雨里，心里总有着远方

露水落下得轻轻

雨水叮咛

在潮湿的天气里

我仍有对远方的怀念

我仍有对远方的执念

只隔雨水的屏障

原上的雨水洗刷

原上的云影斑驳

原上的琴音洪杂

敲乱最后一瓣莲花

2021 年 3 月 26 日，堂前

## 最后一枚银杏已落下

我说

你可在听

最后一枚银杏已落下


你在高塔上一跃

将天空撞出了云


"到回家的时候啦——"

母亲在菜园呼喊

我的双脚都未挪一步

我的心正独自舞蹈


就像

麦田里的风车尚未转动

金色的风早已扑面而来


2021 年 10 月 15 日，咖啡馆

# 秋与大地

朦胧只用来修饰雾
柔软却不只是云
我用蓬松描绘大地
秋日里最深沉的华容

一片开满菊花的圣坛
与一只漂徙的杜鹃
一次次飞过
自由与晴天

低鸣般的回首
支离破碎的守候
寂静与歌声
一样能被倾听

在大海上摆渡
记下海风吹过的每一处

把鱼儿比作花

我行走在碧蓝的辽原

生命是最近的彼岸

波浪生长在沙滩


再次看向那张脸

落满银杏叶的旷地

腾起又飘下

像大地心跳的震颤


浮霜有冬日的样子

几只余虫爬向老树

簌簌

像人们在寻觅故乡

云消去了回声

是蜕茧后的宁静


当世界上的一切都被覆盖

只剩下秋风为大地镀上的金黄


2020年9月，路灯下

# 江夜

江水在山谷流淌

披上了一世的月光


我问江水为什么流淌

江水也不答

两岸盛开四季的花


蒸腾的雾霭

如最绵稠的丝绢

丝绢之下

是青山不老的容颜


我一手拂去满身风尘

烟波渺渺　勾勒着晨昏

我问江水为什么流淌

我知道江水在奔向海洋


在绝对的宁静下

我不需要想象

夜晚是夜晚

树便是树

我走来的地方

是我的故乡


江水也学我　走走停停

却未曾拦下一棵青松


2020 年 12 月 6 日，辟才胡同

# 夏日终章

夏日被罩进阳光

灰瓦连着白瓦

青水接向天涯

香樟与期许一并种下

木香只盛开一次

便久久留住


她也有自己的归宿

尽头是尘封的岁月


在八月的湖光里

写着别人的故事

写着　写着

就成了书中的人

2020 年 8 月 16 日，乌镇

# 一只凤凰

一只凤凰就这样飞

一直飞向漫天的沉醉

谁说纯色的凤凰一向卑微

火样的烈羽

不比五彩斑斓要纯粹


一路上

云朵轻垂

像是在问这只凤凰

究竟是飞向何方


这只凤凰

伸长了脖颈

远远地一声呜呜

看这样子

这只凤凰

要去征战四方

没有一只凤凰去理解

待到那只凤凰归来的时候

赤纯的受伤的凤凰
不仅想要归巢
还思念怀抱

可是这只凤凰
拥有的与从前无两样

我不愿用他　她　或是它
因为那是一只凤凰


2021 年 5 月 29 日下午，未名湖畔

云后的世界
· · ·

## 北风长歌

署名是北风
寄向了南方


柳树向北低首
问北风为何不请自来
得到的回应是
路途太远
柳树停止了浮摆
可这个答案不能让湖水信服


于是湖水飘作了云
那云绵稠极了
直漫去了北方


当雨水又一次落下
无言
盛开在整个湖面

那是北风一直在吹着

如雨水终会落下
像旅人终会回家

大雁
就算多么留恋
也总要告别柳枝浮摆的湖面

那是北风一直在吹着
撩过倾斜的山坡

要想到南方每一处的车辙
都有北风温柔地吹过

2021 年 5 月 31 日，信毅楼

云后的世界

## 灰鸟与风

有一只灰鸟大地无闻

飞过清晨

飞向黄昏

翅膀在梧桐上生根


殷红的歌声当作飞吻

漫漫灰羽　热爱着星辰

阳光和大海

在翅膀上留下道道伤痕


疼痛

拦不住他追随世界的旅程

一路陪伴着的

还有狂啸的风

从一座山飞到另一座山

不及顾山巅的风景

欣赏一只只各色的鸟儿

飞往下一场云　下一座迷蒙


每一次微笑

翅膀的伤便发疼

又疼　又疼

直蔓延到四闭的牢城


才发现　飞翔是我的一生


2020 年 8 月 17 日，乌镇

黑夜的烟花
大巴车驶过，向远方
回眸一般蔓延，将大地
刺出一个白色光点，
与周一与明星一片闪烁。

这片龟裂的夜空
在此时，是那样的
完整
它存的每一个碎片
与碎片间中间的每一道裂
裂隙
都被印上无比美好的寓意。
行走在黑夜，
透过一地工破碎的黑玻璃，
我再以碰见瞳日烧的星辰

2021.06.07 8:07

今晚的月光

是我对你的狂想

# 黑夜赞礼

大巴车驶向远方

将大地

刺出白色光点

与星一同闪烁

龟裂的夜空

此时是那样地

完整

它的每一个碎片

与碎片间的每一道

裂隙

都被印上无比美好的寓意

透过一地正破碎的黑玻璃

我得以窥见喧嚣的真谛

2021 年 6 月 7 日，信毅楼，

《中国校园文学》2021 年 10 月青春号

云后的世界……

## 自叙

我将铁罐踢进胡同尽头

碰撞数次之后

皮球在漏气

像一个诗人的童年枯坐在这里

灰乌鸦落在云上

无数神像的剪影在堆积

和纠缠


车辙将故乡捆起

我可以到远方

但却迈不开脚

像是故乡的灵魂

附着在我短促又恍然的一生


2021 年 6 月 8 日，信毅楼，

《中国校园文学》2022 年 2 月青春号

# 独白

当世界的一半慢慢升起

还来不及去攀登

深壑造就的山峰

"我们都生活在阴沟里

但仍有人仰望星空"


万物坍塌之时

一些见不得人的深窖

重见天日

尘埃发软


你看得见雨吗

我问我自己

在清澈的阳光里

一片白茫茫的天空下

有我的灵魂

在深深地吐息

2021 年 6 月 16 日，辟才胡同

# 孤独的城市里我望着星空

我是孤独的城市里
同样孤独的人
我挑起一生的疲惫
踏在她漆黑的肉身

我蜷缩在书籍的托庇下
以浪漫的名义逃避
像云一样徘徊
影子向另一端摇摆

我向永恒的灰起誓
绝不是缄口不言
镶满彩灯的大道上
城市比星空更加遥远

我就这样走

没入一切的后半段

忽然间醒来

像是沉积在河床的鹅卵石

于万年后被翻涌至岸


我用夜市的喧闹

拼凑成我的夜晚

我将蜕落的蝉衣

点缀上城市的不安


低首

在一摊囚水里望到了天

我在洁白的星野上

目击生命的弧线


2021 年 10 月 13 日夜，咖啡馆

# 喜鹊

喜鹊一动不动

正站在塔楼之巅

它一身的黑与白

让我联想到虎鲸

可虎鲸从不会一动不动


有人说

它们一个在天上　一个在海里

那么难道它们不是

一个乘着风　一个借着水

一个在等风起　一个在等浪来


我仍旧不能放下我的疑惑

可是喜鹊已经飞走了

我的疑惑便没了意义

那么你还会来找我吗

我会像一只喜鹊一样

等你

2021 年 5 月 29 日，未名湖畔，

《中国校园文学》2022 年 2 月青春号

# 我就在咖啡馆中

约定好要一起去远方

去实现未竟的梦想

背上各自沉重的包袱

我想

这次不是别离

终于到了那座陌生的城市

这里只有陌生的人

我一直在咖啡馆中

门外行人如涌

我告诉自己

这不会是别离

岁月如潮水般退去

留下裸滩似的记忆

我多么想要去告诉你

云后的世界

99

我就在咖啡馆中

而门外人潮汹涌

我心中默默地想

这次不算是别离


就这样

我翻去攀回一座座山脊

想着不知道会在哪里与你相遇

我还背着包袱

横穿过四季

总觉得

一切都没有结局

一切只还不是最好的时机

我就在咖啡馆中

这里我已不再陌生

就这样

我打车去每一个公园

在被允许的湖里划船

脚蹬船

只是不再好意思去挖莲蓬了

就这样

在陌生的时间

陌生的地点

而这次又只能才算是初见吧

像时针与分针一样

有规律地相聚

而一直温柔如你

如今略显刻意

还好我告诉自己

这不算是别离


2021 年 5 月 29 日下午，未名湖畔

云后的世界…

# 低哑

是沉默　如此盛大

我坐在竹林里

心伫立在山头

生命伏在我的膝上


我站起　毅然决然

在命运面前

我的人格平坦

那些遗憾

亟待弥补或无力回天


鸟儿轻跃上树梢

我却无力将自己拾起

于是装作一位哑人

低下了身躯

我的内心低哑

往后人生中最勇敢的一次

便是在别人的画作里

当了一回勇士


山头跨越了两千年

我的心早已风化成碑

祭奠那本就平凡的一生


2021 年 6 月 19 日中午，未名湖畔

云后的世界

## 多么欢欣的夜晚

紫罗兰漫山遍野

马车轻驶

蔷薇错落在石碣

此时此刻

你走在左

我走在右

多么欢欣的夜晚啊

鸟雀归巢

月出云开

你在我的身旁

在一朵枯荷前

我望见了远山

2021 年 10 月 26 日，辟才胡同，

《中国校园文学》2022 年 2 月青春号

# 烟林

我躺在灰蒙蒙的原野上
草木空旷

原野上的灰烬也不属于我
淡色的蝴蝶在心头飘落

我将你的周遭变成我的周遭
之后趟出一条路来拥抱

然而新世伊始
万物丛生
一百只鸟雀腾跃在黎明

"然而　然而……"

从无尽的漆黑逃离
大地吐出夜的烟息

驻留在如烟的丛林里

我拥有了今晚的月光

抑或是月光拥有了我


可时光不曾留下啊

什么也带不走


今晚的月光

是我对你的狂想


2021 年 10 月 14 日夜，辟才胡同

# 倘若

忽然间
世界一片漆黑

可我明明还睁着眼
我的肌肤尚有知觉

当所有美好的盛开终于凋谢
当所有温暖的绽放都在弥散

阴雨绵绵
我面对这静默的世界

我知道今夜
世界不属于我不属于任何人

可我不能放下所有的期盼

荆棘已长满栏杆

2021 年 9 月，辟才胡同

第七辑

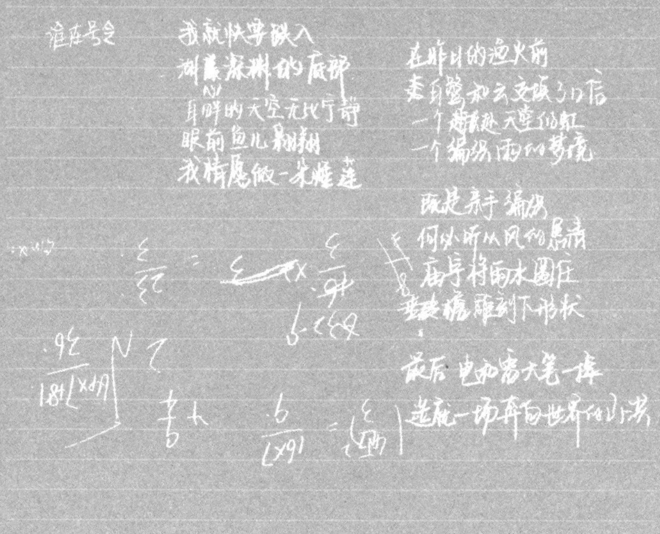

谁在怀念　　我就快要�入
　　　　　　湖蓝深渊的底部
　　　　　　身畔的天空无比宁静
　　　　　　眼前鱼儿来回穿梭
　　　　　　我情愿做一朵睡莲

　　　　　　　　　　　　在昨日的烟火前
　　　　　　　　　　　　走向警和云交融的门后
　　　　　　　　　　　　一个游荡起天空的虹
　　　　　　　　　　　　一个编织雨的梦境

　　　　　　　　　　　　既然关于编织
　　　　　　　　　　　　何以听从风的思绪
　　　　　　　　　　　　庭前将雨水圈住
　　　　　　　　　　　　在屋檐雕刻下的街栿

　　　　　　　　　　　　最后 也如需大笔一挥
　　　　　　　　　　　　造就一场再自也界的小憩

有谁在意过你

灯头点亮的朱砂

# 属于我的宁静

就要跌入

湖心深渊的底部

耳畔的天空无比宁静

我情愿做一朵睡莲


在昨日的渔火前

白鹭和云交换了口信

当草原的光影重现后

大象将黄昏的裙摆轻提


我至此拥有了现在和过去

也即将拥有未来

我不会拥有全世界

但我有独属于我的宁静


2021 年 9 月 9 日，勤学楼

# 野柏

有谁在意过你
灯头点亮的朱砂


生于罅穴的野柏
拨开轻盈的石块
生命一同飘落


人们赋予你坚毅的形体
将你连根拔起
迁你入宫阙中去
用的是护城河床挖来的土


2021 年 9 月 9 日，勤学楼

# 枷锁

大风一直吹

把我的身子吹低

我挣不开大地的枷锁

如一簇摇摆的烛火


我赤脚走在河边的鹅卵石床

疼痛与凉意将灵魂从身体剥离

水沫与泥沙啃咬着我的脚踝

天上没有太阳于是我没了影子


秋天的落叶将我割伤

然后冬天的雪花将我淹没

来年开春时　鱼儿回潮

我欠下身子　回到泥土中去


2021 年 9 月 9 日，勤学楼

云后的世界 ‥

# 埋葬

在我破土而出的地方

种下一株玫瑰

盲人的足印碾过

吐出星星花蕊


花瓣雕刻出夜的记忆

我舒展腰身

像是要缠住那轮清月

清辉洒下

我唯有入眠


时光累上了繁尘

雨水又一次落下

当雨水错过了这寸生命

一切终于成了一垄土堆

那是我为自己亲手建成的坟墓


2021 年 9 月 19 日，辟才胡同

# 我

我独自走入迷宫

四下碰壁

六棱柱在空中翻转

世界除我都在发光


我写下诗句

生命的灰烬平铺在毛毡上

灵魂的碎片聚合在一起

宣纸一裹又走出门去


我赤身挟翼而去

阳光冻伤了我的身躯

湖水又将我点燃

我自此走上萧峭的断崖

痛苦的浪潮面前

我怀着悔意退下

我提起酒杯

像是揭起伤口的面纱


2021 年 9 月，辟才胡同

云后的世界……

## 我的自艾

你闯入我的古堡

以陌生人的身份

你本不属于这里

却将我的客房占据


我才稍稍感到慰藉　你就将自己

悄无声息地抽离

你要我去如何守这荒原

独自将头发束起


我求你

将你廉价的希望收起

你举起魅蓝色的蔷薇

在我面前晃来晃去

我像是对自己的誓言

一干二净地放弃

因为我那卑微的嘴角

正不自觉地勾起


我将我的自艾

转化成对你的恐惧

你所曾出现的地方

你先前投射的言语

我将其一一逃避


我内心辗转不住

只愿能望清自己


2021 年 10 月 27 日，辟才胡同

云后的世界
...

## 那是南方的一场雨

古城楼前
我无心采下一朵浅菊

后来它便滋长在我心里
花蕾没有香气
绽放无所保留

那是南方的一场雨
让湖水涌入了京城
人人举着一把伞
像神祇在摆弄浮生

后来的后来
像潮水反复
流水无情
落日又徐徐升起

我摊开昨夜的露水

蘸上

天光微微青时

路两旁

蓝紫色的霓虹灯

将我高高束起

我从此甘心远走他乡


2021 年 9 月 18 日深夜，辟才胡同

云后的世界……

# 清晨我独自出门

恐怕

你早已忘了

和露水的约定


傍晚

一只蝴蝶落在窗边

虹一般的翅膀

簌簌

飘下纯金的纤尘

我只得告诉自己

这不是蝴蝶本身


于是

第二天的清晨

我独自出门

并把自己托付给黄昏


2021 年 10 月 17 日，咖啡馆

# 秋风已过

与漫天的繁星相比
我不过是盏暗淡的烛火
如一只白隼飞上了天
映在青海湖水里的天

我的生命结下了种
在亚细亚的平原
生命的花朵向上盛开
生命的根系向下坠落

太阳
你的目光从未离开我
看着我生命的果实向下坠落
你对我说秋风已过

我为我的坠落

冠上艺术的美名

躺进焦黄色的泥土里

像大海将太阳卷起


寒风的激烈

全然无觉

因为我正踏过成群银杏叶的尸体


2022 年 1 月 8 日上午，辟才胡同

# 得亏只有一次人生

我在守岁的夜

向生命致敬

得亏只有一次人生

所有的记忆都不需要分配


新一年的第一个夜晚

一个人度过

不沉没在幻想中又能怎样

我没有勇气也没了骨气


鼻子是每个人都拥有的东西

在不同场合不停呼吸

于是世间的生命被塞进咸菜坛子

是欲望、悲哀与恐惧的气息

我笑自己懦弱得像一摊水

被人踩上一脚

便被带走一些

又浑浊一些


痛苦的根源从来是若有若无的希望

待到合乎情理的幻想都破灭了

我的身躯轻盈

因为灵魂已经出走


及至推开门时

我的愤怒和欢喜一并交织

爆竹过后

我重新审视严冬


2022 年 1 月 8 日下午，辟才胡同

· 终
辑 ·

致谢

"我没有光的世介
我为我高举爱情的火把 而感到羞愧"
是智慧与自然带来了火
于是烛光在四处诞生

当我再一次
纵身走入幽深的隧道
光明 小心的守
希望和生机 不不背后

人们围生在篝火前
我拥有一朵幽蓝的火焰

我们渴求生命

但不惧怕死亡

## 无尽的爱

你永远为我开着车

开向生命尽头的软卧

双手将天上的云朵

捏成我的快乐


我的手你永远可以握

紧紧地握　四季如风吹着

温暖的汗水在眸下绽开痕渍

我自你的人生中来过


2020 年 8 月 22 日，辟才胡同

云后的世界……

# 我还有一天

我还有一天
要去做的还有许多许多


在这一天里
我要忘记所有的困惑
去离开时间的秩序
走进自然的深深


在这一天里
我要写下最真实的文字
让想见我的人
可以时时瞧见


在这一天里
我要到处旅行
不必去攀高山　赴晨曦
我只想紧紧地　再看一眼我的家乡

在这一天里

我不再去回眸

我要凝视眼前的风景

然后铭刻在心里


夜半我将沉沉睡去

昙花永远盛开


2020 年冬，辟才胡同


云后的世界

# 剪影

黑发夹杂着白发

田埂间的草垛子

斟满月光


秋风带走我

对你

最后的记忆


你深深弓着的背

陷进泥土里

风中飘来稻壳的气息


你在每一个收获的季节

点起苒苒篝火

火光在河畔穿梭

我在田野上奔跑

与你的身影擦肩而过

2021 年 9 月 19 日，辟才胡同，

《中国校园文学》2022 年 2 月青春号

云后的世界

# 花园

你要包容我的灰暗

正如因此我的光亮得见


于是相携起

行在花园里　独自蜿蜒的小径


我们来了许多次

像是将青春所剩无几的生命全部抛掷

我们对每一条藤蔓的熟悉

胜过对我们自己的心律


那时我们驾着马车

等一只灰蓝色的猫跃上车篷


等打字机被完全取代

我坐在宏伟的电脑前

更改了语言

又改了大写锁定


分别后，我们又在同一个花园里相遇

我逃不走了所以不停哭泣


"真是无奈啊

可又能怎么办呢"

星星的闪烁

又不始于我


2021 年 11 月 1 日，勤学楼

云后的世界
·····

## 大海

在生命流淌的交汇处
有金色的力量在跳跃

它翻滚进我的内心
如猛兽般肆意冲撞

这是你的浩浩汤汤
是你的浪啊
我又怎能以言语
来萃取你的壮烈

我的渺小
让我贴近你
我在海崖的石柱顶
鼓着手风琴

在天国阶梯的末端

飞过人字排开的白鸟


面对着你亲切的洪涛

我致你玫瑰一束


2021 年 10 月 26 日晚，辟才胡同

云后的世界

137

# 八月盛开

岁月使人面善

我们的生命凹陷下去


我的双眼

不能分清层林和远山


人一生的幸与不幸

如萤火一亮

在缀满微光的藤蔓下

你是我曾眷想的彼方


我在八月的初

守望八月的邂逅

当桂花盛开的时候

你又在何处

哲人们口中念念有词

一切波涛汹涌

和电闪雷鸣

只是为了让船只不要离岸


船上住着一个渔夫

海水是他的翅膀

鱼儿是他的双目

我时常为他写信

记录每个平凡的日出


直到某一天

我放下了纸笔

将行囊背在身后


生性自由

便想四处走走

天国彼境的一棵榕树

久久翁郁在日升月落的时候

我向光阴垂首

在世界至深地盛开

因为情爱

最善良的人　也变得不善良起来


再长的诗篇

也有终结的一笔

那么


在诗的末行这样写道

我的生命被幸福和温暖环抱


2021 年 10 月 15 日凌晨，辟才胡同

# 致谢

"在没有光的地界

我为我高举爱情的火把而感到羞愧"

是智慧与自然带来了火

于是燃烧在四处诞生

当我再一次

独自走入幽深的隧道

光明不在对岸

希望和生机不在背后


人们围坐在篝火前

我捧着一朵幽蓝的火焰


2022 年 1 月 8 日上午，辟才胡同

## 雪地里

你来做什么
又有谁来告诉我
最轻盈的一片雪花
也将割断
我的生命之线

期待着有人可以刺一剑
让我清醒过来
对自己的凌辱
正如我对文字的放逐

而世界如此静默
与雪花的错过
正如时间对生命的勒索
大雪漆压压地袭来
雪地里独我生命褶皱

2022 年 1 月 8 日上午，辟才胡同

# 愿我们携手走进坟墓
## ——致手足

年龄是生活的资本
还是生命的资产
迂回和反复
只愿能携手走进坟墓

我们能一同躺在海底
贪婪地吮吸阳光而不必呼吸
我谈论着荒唐有趣的诗
你描绘着梦
充满昨天、闪电与仙人掌

爱情对我们都别有意义
是我的负担
也是你足够立体的经历
这不能打断我们的追逐
但我们抱有无悔地
携手一起走进坟墓的决心

云后的世界····

我们一样热爱着生命

就像一样热爱着生活

让我们在九十八岁相爱

到那时

我们渴求生命

但不惧怕死亡


2022 年元旦夜 ，辟才胡同

# 我是青苔上唯一的主人

在雾霭跌宕的冬日

回忆向我款款走来

世界的躯壳正一点点枯萎

因我许久未拿起笔


我幻想了一座花园

供回忆栖身

影子一点点拉长

时间扭曲了生命的形状


长凳之后

我摇摆着落叶

像一簇金色的烛火

全身赤裸

世界像是颗圆润的陨石

表面粗糙

碾过我单薄的肉身

默默宣告着

我是这片青苔上

唯一的主人


我不难走到回忆跟前

可她头顶早已没了花环


那年枫叶还那么红

后来　像是刮了一阵风

把我们双颊的颜色也一并吹去了


2022 年 1 月 8 日上午，辟才胡同

图书在版编目（CIP）数据

云后的世界／宋客著. -- 北京：作家出版社，2022.4
ISBN 978-7-5212-1650-9

Ⅰ. ①云… Ⅱ. ①宋… Ⅲ. ①诗集 – 中国 – 当代
Ⅳ. ①I227

中国版本图书馆 CIP 数据核字（2021）第 249776 号

**云后的世界**

作　者：宋　客
责任编辑：李亚梓
封面设计：吴　荻
美术编辑：周思陶
出版发行：作家出版社有限公司
社　　址：北京农展馆南里 10 号　　邮　　编：100125
电话传真：86 - 10 - 65067186（发行中心及邮购部）
　　　　　86 - 10 - 65004079（总编室）
E – mail: zuojia@zuojia. net. cn
http: // www. zuojiachubanshe. com
印　　刷：中煤（北京）印务有限公司
成品尺寸：130 × 185
字　　数：15 千
印　　张：5.25
版　　次：2022 年 4 月第 1 版
印　　次：2022 年 4 月第 1 次印刷
ISBN 978 - 7 - 5212 - 1650 - 9
定　　价：39.80 元